I0074927

BARREAU DE POITIERS

DE LA

CONDITION LÉGALE DE LA FEMME

DISCOURS

PRONONCÉ

A LA SÉANCE SOLENNELLE DE LA RÉOUVERTURE DE LA CONFÉRENCE
DES AVOCATS STAGIAIRES

Le 17 Décembre 1892

PAR

Urbain TOUCHARD

Avocat à la Cour d'appel, Secrétaire de la Conférence
Attaché au Parquet du Procureur Général

POITIERS

IMPRIMERIE BLAIS, ROY ET Cⁱᵉ
7, RUE VICTOR-HUGO, 7

—

1893

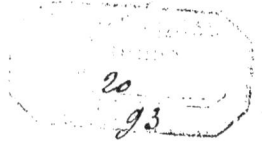

BARREAU DE POITIERS

DE LA

CONDITION LÉGALE DE LA FEMME

DISCOURS

PRONONCÉ

A LA SÉANCE SOLENNELLE DE LA RÉOUVERTURE DE LA CONFÉRENCE
DES AVOCATS STAGIAIRES

Le 17 Décembre 1892

PAR

Urbain TOUCHARD

Avocat à la Cour d'appel, Secrétaire de la Conférence
Attaché au Parquet du Procureur Général

POITIERS

IMPRIMERIE BLAIS, ROY ET Cⁱᵒ

7, RUE VICTOR-HUGO, 7

1893

(G.)

Le samedi 17 décembre 1892, à deux heures, l'Ordre des Avocats à la Cour d'appel de Poitiers s'est réuni, en robes, dans la salle d'audience de la première chambre de la Cour, pour assister à l'ouverture de la conférence des avocats stagiaires.

Étaient présents : M. Charles Pichot, Bâtonnier, présidant l'assemblée ; MM. Orillard, Druet, Séchet, Mousset, Tornezy, membres du conseil de l'Ordre ; MM. Parenteau-Dubeugnon, Le Courtois, Paul Mérine, Ducos-Delahaille, Fontant, David, Deleffe, avocats inscrits au Tableau.

La Barre était occupée par MM. les avocats stagiaires.

M. le Bâtonnier a ouvert la séance, a annoncé la reprise des travaux de la conférence et a prononcé une allocution.

La parole a été ensuite donnée à M. Touchard, qui a lu une étude sur la *Condition légale de la femme.*

Puis, M. Guéry a lu un travail sur la *Constitution des Tribunaux consulaires.*

Après ces deux discours, le Bâtonnier a réglé le service de la conférence pour les séances ultérieures.

La séance a été levée à quatre heures.

A Poitiers, les jour, mois et an que dessus.

DE LA

CONDITION LÉGALE DE LA FEMME

Monsieur le Batonnier,

Messieurs,

« N'est-ce pas une chose étrange, écrivait il y a quelques années
Jules Simon, quand l'humanité ne cesse d'agiter tour à tour les
grands et même les petits problèmes, que le plus grand de tous, celui qui nous touche de plus près et nous importe le plus, le problème de la situation faite aux femmes par nos lois et par nos
mœurs, ramené sans cesse dans les œuvres d'imagination, occupe
si rarement les politiques et les philosophes. »

Ce n'est point aujourd'hui qu'on pourrait exprimer un semblable
regret, comme le disait dans un discours de rentrée, le savant
avocat général dont tous vous avez apprécié l'incontestable ta-
lent, chaque jour moralistes et philosophes discutent la question
féminine, d'éminents jurisconsultes et de graves professeurs s'en
émeuvent, l'Académie en fait le sujet de ses concours, (1) et l'écho
des Parlements en retentit.

Ce n'est point aujourd'hui qu'une profession de foi politique énon-
çant le programme féminin ne soulèverait que des tempêtes de
colère ou de bruyants éclats de rire (2), et qu'un Ministre de

(1) Concours de 1891. — *La condition de la femme au point de vue de l'exercice
des droits publics et politiques.*
(2) Profession de foi de M. Accollas en 1876.

l'Intérieur oserait lancer un arrêté d'interdiction contre une société formée pour l'amélioration du sort des femmes (1).

Que de chemin parcouru en peu d'années ! ce qui hier encore ne semblait pas devoir sortir du domaine de l'utopie est aujourd'hui devenu la réalité, ce ne sont plus seulement nos Facultés de Droit ou de Médecine qui décernent à des femmes leurs diplômes de docteurs (2); mais nos législateurs qui leur accordent l'électorat consulaire, et les Américains qui leur permettent d'exercer les fonctions judiciaires.

Aussi ai-je pensé, Messieurs, qu'il serait peut-être intéressant de venir vous parler ici de la condition légale de la femme. Evidemment, je n'ai point eu l'intention d'épuiser un sujet aussi vaste, de traiter d'une manière approfondie un problème aussi important, j'ai simplement voulu, après avoir aussi rapidement que possible recherché la place qu'ont faites à la femme les législations anciennes, examiner quelques-unes des critiques dirigées contre notre législation actuelle et voir dans quelle mesure il était possible d'y faire droit.

*
**

Si nous en croyons les dires des anciens historiens, confirmés du reste pas les récits des voyageurs modernes qui ont pu constater une situation analogue chez certaines peuplades de l'Afrique et de l'Amérique, il y eut une période antérieure à toute civilisation où les rapports entre les deux sexes n'étaient encore réglés ni par les lois ni par les mœurs. Nulle autorité ne pesait sur la femme qui vivait indépendante de l'homme, parfois même plus puissante que lui, les enfants lui appartenaient, par elle se comptaient les généalogies, (3) mais en revanche, elle était plongée dans l'abjection la plus profonde et le communisme des femmes était couramment pratiqué.

Heureusement pour la femme un semblable état de chose fut de courte durée, et si avec l'organisation de la famille elle dut abdiquer

---

(1) M. Buffet, mars 1876.
(2) Mlle Jeanne Chauvin a, cette année même, été reçue par la Faculté de Paris.
(3) Les Lyciens, dit Hérodote, ont une singulière coutume, qui leur appartient en propre, ils se nomment d'après leur mère et non d'après leur père (I, 173).

son indépendance, elle put acquérir une certaine dignité morale, qu'elle ne dut le plus souvent, il est vrai, qu'à sa qualité d'épouse ou de mère. Sa situation est cependant encore loin d'être enviable, l'homme seul peut être chef de famille, à la fois législateur, juge et prêtre, il a sous sa puissance non seulement ses esclaves, mais sa femme et ses enfants. Tous sont sans droits devant lui, le mari achète sa femme et la procréation étant le but suprême amène comme conséquence fatale la pratique de la polygamie; non seulement la femme n'a pas de biens, mais elle passe comme possession héréditaire aux héritiers du mari.

Bientôt les familles se réunissent et nous voyons apparaître en Orient les premiers états. Le gouvernement domestique a servi de base au gouvernement politique et sans transition, pour ainsi dire, le régime despotique succède au régime patriarcal. La volonté du chef ne trouve de frein que dans les prescriptions de la loi religieuse, mais cette loi a pris la femme sous sa protection, grâce à son influence le mariage par vente va disparaître, le mari va devenir avant tout le protecteur de sa femme qu'après sa mort devront entretenir ses héritiers, et l'on finira par reconnaître aux femmes certains droits pécuniaires.

Mais si les lois orientales ont parfois à demi affranchi la femme, toutes, à l'exception de la loi égyptienne, l'ont considérée comme un être inférieur à l'homme.

La législation chinoise, qui semble être la plus ancienne du monde, consacre la première la subordination absolue de la femme, non seulement la fille doit obéir au père, l'épouse à l'époux, mais encore la veuve doit se soumettre à la volonté de son fils. Une femme auteur d'un livre que nous ont révélé les missionnaires a pu dire, admettant en quelque sorte comme de droit naturel l'infériorité de son sexe : « Nous tenons le dernier rang de l'espèce humaine, nous sommes la partie la plus faible du genre humain, les fonctions les plus humbles doivent être notre partage ». La femme mariée entre dans la famille de son mari et ne reverra plus jamais la sienne, elle perd son nom et n'a plus le droit de rien avoir en propre. « La femme sera dans la maison comme une ombre, un simple écho ».

La loi de Manou ne s'est pas montrée plus bienveillante à l'égard des femmes, et le parti pris du législateur indien de diviniser toutes choses ne doit point nous faire oublier qu'il les a frappées d'une incapacité générale et perpétuelle, et consacré le pouvoir absolu du mari. La veuve elle-même doit conserver au mari défunt la plus stricte fidélité (1).

A chaque page du Coran, nous trouvons la preuve de la déconsidération dont Mahomet entoure la femme (2), et si chez les Hébreux elle est plus favorablement traitée, si pour la première fois on la voit libre et propriétaire, avoir une certaine autorité sur ses enfants, elle est cependant encore loin d'être envisagée comme l'égale de l'homme. Partout dans la Bible nous retrouvons la mise en pratique de cette idée de la Genèse : « L'homme sera ton maître et tu seras forcée de lui obéir » (3).

Philosophes et législateurs grecs ont professé sur la femme les théories les plus diverses; si Aristote (4) la place au même rang que l'esclave, ce même Platon (5) qui, contraste bizarre, admettait la communauté des femmes, est d'avis qu'elle est digne de partager l'éducation et les fonctions des hommes, et Lycurgue, allant plus loin, lui donne une capacité en tout point égale à celle de l'homme (6).

Quoi qu'il en soit, si on en excepte les courtisanes, la femme est restée dans une situation secondaire, et en rapprochant la peinture qu'Homère nous a laissée de la Grèce primitive de celle du temps de Périclès, il semble que la femme grecque n'ait fait que perdre au progrès de la civilisation. Si, à l'époque du chantre immortel de l'Iliade, elle était aussi dans une situation inférieure, du moins elle était vénérée, respectée, et partageait le rang et les honneurs du mari ; maintenant qu'à la vie patriarcale a succédé la vie démo-

(1) « Ne frappez pas même avec une fleur une femme chargée de fautes, nous dit-il. Les femmes doivent être comblées d'égards par leurs pères, leurs frères, leurs maris. Partout où la femme est honorée, les divinités sont satisfaites » ; mais il ajoute : « La femme doit révérer le mari comme un dieu, même s'il est infidèle. » — Boudha n'a rien fait pour la femme, et dans sa doctrine elle reste aussi avilie qu'autrefois.

(2) « Les femmes sont votre champ , cultivez-les de la manière dont vous l'entendrez. » (*Coran*, ch. II, verset 222.)

(3) La veuve passe avec l'héritage au pouvoir du frère du mari qui, en cas de mariage stérile, devra en l'épousant à son tour donner au défunt une postérité. Cette institution nommée lévirat se retrouve dans la plus haute antiquité comme chez les tribus modernes du désert.

(4) *Politique*, livre I, ch. I.

(5) *République*, livre V.

(6) Plutarque, *Vie de Lycurgue*.

cratique des cités, le mari passe sa vie sur l'agora et l'épouse reste tristement reléguée au fond du gynécée.

En tutelle perpétuelle, soumise au pouvoir d'un maître qui sera son père, son mari, son fils, ou, si elle est orpheline, le magistrat, elle n'a aucune capacité juridique ; ce sera le tuteur qui passera pour elle les contrats, figurera pour elle aux procès. Ce tuteur n'aura pas seulement pouvoir sur ses biens, mais aussi sur sa personne, il pourra disposer de sa main, seul moyen d'assurer à la fois cette perpétuité des familles et cette transmission des héritages auxquelles attachent tant de prix les sociétés primitives (1).

Mais la situation de la femme est plus douce en Grèce que partout ailleurs, l'incapacité qui la frappe, la tutelle où elle est placée, ont été dictées par une idée de protection et établies non pas dans l'intérêt de l'homme, mais dans son intérêt. Aussi le tuteur dont le pouvoir est si étendu et qui, de plus, peut disposer de son vivant ou à sa mort des droits que lui confère la tutelle, est-il responsable de ses actes. Le père qui ne marie pas sa fille nubile ou ne veut pas la doter, le mari qui délaisse sa femme ou la maltraite, pourront être traduits devant l'archonte et frappés en certains cas d'infamie, l'action est ouverte à tous et le plaideur téméraire n'encourera aucun châtiment.

La femme grecque conserve sa personnalité (2) et la loi lui reconnaît des droits et un patrimoine inviolable ; s'attachant spécialement à consacrer l'indépendance de la femme mariée, elle établit la monogamie, et voulant réaliser autant que possible l'égalité entre les époux, elle rend l'adultère du mari punissable, donne à la femme le droit d'agir en divorce et lui laisse un patrimoine séparé (3).

La législation de l'ancienne Égypte doit être placée complètement à part, jamais lois ne furent plus favorables à la femme et il semble que les propagateurs les plus passionnés de la cause féminine ne devraient avoir qu'un désir : réaliser aujourd'hui un état de choses analogue à celui qui existait sous la civilisation des Pharaons.

(1) En effet, la fille ne succède point à son père, l'héritage passera au premier enfant mâle qu'elle mettra au monde, enfant qui du reste recevra le nom du défunt.
(2) La veuve ne passe plus comme possession héréditaire au pouvoir des héritiers du mari, mais retombe sous la tutelle de ses parents.
(3) Après avoir administré la dot durant le mariage, le mari doit la rendre lors de sa dissolution à la personne qui l'a constituée.

*

Si l'on excepte une légère différence introduite assez tard sous l'influence des idées grecques (1), l'idée générale qui ressort des monuments les plus récemment étudiés est celle de l'égalité des deux sexes (2).

Assimilée à l'homme au point de vue des droits religieux et des droits politiques, la femme même mariée apparaît dans la famille comme étant juridiquement l'égale de l'homme, on ne connaît en Égypte ni autorité maritale ni autorité tutoriale, la fille est l'égale du fils, la sœur l'égale du frère, l'épouse l'égale de l'époux.

Dans la vie civile, la femme égyptienne est une personne ayant une vie propre indépendante de sa vie d'épouse ou de mère, elle a une vie extérieure nettement accusée et les papyrus démotiques nous la montrent même mariée jouissant d'une liberté absolue pour toutes les stipulations qu'il lui plaît de faire. Elle peut vendre, emprunter, contracter, s'engager valablement même pour un tiers et le droit de propriété lui est reconnu. Pouvant intenter seule des procès, elle figure nommément aux débats et présente au besoin sa défense elle-même (3).

Si, abandonnant les civilisations orientales, nous dirigeons nos regards vers cette Rome qui devait un jour détenir l'empire du monde, nous retrouvons à l'origine ce même principe qui veut que dans l'intérêt général le nombre des familles reste invariable et que le chef de chacune d'elles soit investi du pouvoir le plus grand. Vous savez, Messieurs, quelle fût la force de cette puissance paternelle qui au début alla jusqu'à permettre au père de tuer son fils, d'enlever sa fille à son gendre, vous connaissez la situation de la femme *in manu* et vous avez présentes à la mémoire les diffé-

(1) A partir du prostagma de Philopator, la femme mariée a besoin de l'autorisation maritale pour aliéner.

(2) On en trouve les traces jusque dans les cérémonies publiques; la femme qualifiée de maîtresse de maison s'assied à côté du maître sur le même siège ou un siège de même hauteur. Dans les autres pays orientaux, notamment en Assyrie, il en était autrement.

(3) Demanderesses ou défenderesses, les femmes comme les hommes exposaient leurs arguments et les détails de l'affaire dans un mémoire soumis aux juges du roi, ceux-ci faisaient reproduire dans leur arrêt le mémoire du plaideur qui l'emportait, il y remplaçait les motifs; on peut donc dire que la femme participait en quelque sorte à l'administration de la justice, puisqu'elle prenait part à la rédaction du jugement qui lui donnait gain de cause. (Révillon, *Cours de droit égyptien;* G. Poturat, *Condition juridique de la femme dans l'ancienne Egypte.*)

rentes phases de cette tutelle des femmes établie dans le seul intérêt de la famille agnatique.

Mais, sous l'influence des mœurs et du droit prétorien, grâce aussi au Christianisme et aux constitutions des empereurs, des dérogations toujours croissantes ont été apportées au principe, les idées de justice et d'équité ont fait peu à peu leur chemin, l'individu est venu jouer un rôle de plus en plus important et la situation de la femme s'est améliorée, plus de tutelle, plus de possibilité pour le père de l'exhéréder sans motif.

La situation de la femme romaine est cependant encore loin d'être comparable à celle de la femme égyptienne, les *officia virilia* lui sont interdits, son témoignage en justice est suspect (1) et un sénatus consulte de Claude lui défend toute intercession pour autrui.

Chez les Germains, la femme ne pouvant porter les armes et par suite figurer dans les assemblées où se rend la justice et où se traitent les affaires intéressant la famille et la tribu, est aussi frappée d'incapacité et placée sous le mundium de sa famille, mais elle jouit en fait d'une certaine indépendance. Elle accomplit souvent seule les actes de peu d'importance et on lui permet en général de choisir celui qui pour elle accomplira les actes juridiques. Son incapacité ne repose que sur sa faiblesse physique, les Germains ont compris que si elle était inférieure à l'homme par la force, elle était moralement son égale et que chez elle aussi on pouvait rencontrer prudence, sagesse et courage. Aussi son rôle ne se borne point à donner des citoyens à l'État et à prendre soin du ménage, exclue de l'action elle a conservé le rôle de conseillère, c'est un tiers qui accomplira pour elle les actes juridiques, mais c'est elle qui le guidera, c'est la mère qu'on consultera sur tous les actes de tutelle, c'est elle qui au combat excitera les guerriers et qui près des autels interrogeant le sort fera parler les auspices et révélera les secrets des dieux (2).

Partout la femme partage le rang et les honneurs du mari, le Germain a toujours conservé pour elle à raison de son sexe cette sorte de culte qui avait frappé Tacite. « C'est dans les forêts de la

(1) *Digeste*, XXII, 5, loi 18.
(2) Gide, *Etude sur la condition privée de la femme*, livre II, ch. III.—Tacite, 8

Germanie, dit Gide, qu'avec l'idée de liberté individuelle (1) est né ce sentiment si noble et si délicat qui inspira l'héroïsme chevaleresque du moyen-âge et qui fait aujourd'hui le charme et l'agrément des sociétés polies ».

Les principes du droit germanique pénétrèrent en Gaule avec les Francs et y restèrent en vigueur pendant la plus grande partie du moyen-âge; la femme après avoir été soumise à la tutelle du roi se voit avec la féodalité placée sous celle du seigneur. Pendant longtemps, elle a tout à redouter de ce maître étranger qui n'a pour elle aucune affection et ne cherche qu'à tirer profit de la tutelle, qui non seulement a la jouissance de ses biens, mais encore le droit de lui choisir un mari (2).

Mais bientôt les services du fief peuvent s'acquitter en argent; n'ayant plus besoin d'un représentant légal pour porter son fief, la femme noble et feudataire se voit attribuer des prérogatives qu'aucune législation ne lui avait accordées. Echappant à toute incapacité, elle rend la justice, concède des chartes et édicte des lois. La tutelle des femmes n'est point cependant entièrement disparue et l'épouse demeure sous la puissance du mari qui reçoit pour elle l'investiture et la représente dans les actes judiciaires.

Même distinction dans les chartes des communes, la fille majeure et la veuve ont une capacité pleine et entière, elles ont libre accès devant les tribunaux et peuvent remplir le rôle d'arbitre, l'épouse reste soumise à la tutelle du mari, établie dans le seul intérêt de celui-ci. Civilement responsable des délits de sa femme, il a le droit de la battre et de la châtier, il a l'administration et la jouissance de ses biens.

Cependant, la puissance maritale s'adoucit peu à peu jusqu'à permettre à la femme d'agir seule dans le cas où l'autorisation serait impossible ou difficile à demander; on lui reconnaît sur les biens les mêmes droits que sous notre régime de communauté, et allant plus loin beaucoup de coutumes lui attribuent un droit sur les biens du mari qui ne peut disposer de ses propres sans son autorisation.

Légistes et canonistes, tous imbus des principes du droit romain,

---

(1) Montesquieu, après avoir décrit les rouages du gouvernement représentatif en Angleterre, terminait en disant : « L'idée de ce gouvernement a été tirée des institutions germaniques, ce beau système a été trouvé dans les bois. »

(2) Gide, *loc. cit.*, livre IV, ch. i.

professaient une manière de voir bien différente du droit coutumier ; la force matérielle pour eux n'est point une condition de la capacité juridique et la faiblesse de la femme devient pour elle un motif de protection. Frappée d'incapacité dans son seul intérêt, elle se voit entourer des mêmes garanties que le mineur.

Longtemps ces idées règnent exclusivement dans le midi de la France, mais peu à peu une sorte de fusion s'opère, les coutumes du nord s'ouvrent aux idées romaines et les principes germaniques pénètrent dans les pays de droit écrit. — Henri IV a bien par son édit de 1606 prohibé l'application du Velléien, mais à la veille de la Révolution, la femme dans la plupart de nos provinces ne peut s'engager pour autrui ; si l'usage du testament s'est introduit, on s'en sert pour avantager l'aîné, substitutions et renonciations anticipées viennent permettre de dépouiller les filles.

La femme à laquelle les légistes reprochaient sa prodigalité, son impuissance à garder un secret, sa dissimulation et sa stupide facilité à se laisser tromper, (1) a été écartée de tout office viril, (2) si l'on admet son témoignage en justice, il est du moins des plus suspects, un juriste peut écrire que le témoignage de trois femmes ne vaut pas celui de deux hommes (3).

La loi des 8-15 avril 1791 supprima du même coup les droits d'aînesse et de masculinité et assura à tous les enfants des droits égaux dans la famille. La Convention par la loi du 17 nivôse an II relative aux donations et successions, compléta les réformes de la Constituante.

Le premier consul et les rédacteurs du Code étaient des moins bien disposés à l'égard de la femme; « Rien n'est plus vain, disait

_____

(1) Au XVI° siècle, parmi les jurisconsultes, c'était la mode de médire des femmes : d'Argentré, savant docteur, mais véritable Caton breton, s'écrie : « Il y a dans cet animal des mouvements effrénés, une colère aveugle, une impétuosité qui bouillonne, une grande pauvreté de bon sens, une extrême faiblesse de jugement, un orgueil indomptable. » (Coutume de Bretagne; des mariages, article 410 r)

(2) Bodin (de la République) nous dit que « ce n'est pas seulement par faute de prudence, comme disait Martian, qu'entre toutes les déesses, il n'y avait que Pallas qui n'eut oncques mère (pour montrer que la sagesse ne procède point des femmes), mais d'autant que les actions viriles sont contraires au sexe, à la pudeur et à la pudicité féminine. »

(3) C'était, comme l'a fait remarquer M. Bonnier, en 1636, au temps de M°° de Sévigné et de M°° de La Fayette.

**

Portalis (1) que la discussion sur l'égalité de l'homme et de la femme,»
et Bonaparte répondait à Mme de Stael » que la première des femmes
était celle qui donnait le plus d'enfants. »

Quoi qu'il en soit, le Code n'en a pas moins consacré le principe
de l'égalité civile des deux sexes, proclamé par les lois de la Révolution, l'incapacité qui frappe la femme mariée n'est point inhérente
à son sexe, mais dépend de ce fait extérieur : la puissance maritale.

En dehors du mariage, la femme a la libre disposition de ses biens
et peut s'engager même pour autrui ; elle peut faire le commerce,
tenir une maison de banque, comparaître devant les tribunaux
comme témoin ou comme partie, et au besoin plaider sa cause elle-
même. Elle ne rencontre plus de substitutions ou de renonciations
anticipées venant suppléer à l'établissement légal de privilèges pour
les mâles et prend la même part qu'eux dans la succession de ses
parents.

Enfin, elle a ce que lui avait refusé la loi romaine, des droits de
puissance. Le libre exercice de la puissance paternelle appartient à
celle qui devint mère sans être épouse, et, sauf le cas de l'article 158,
quand le père et la mère d'un enfant naturel l'ont tous deux reconnu,
les tribunaux décideront d'après le plus grand avantage de l'enfant
qui exercera la puissance. La veuve a sur ses enfants la plénitude
des droits de garde de surveillance et d'éducation ; elle peut s'opposer à leur mariage, leur donner un tuteur par son testament, elle a
l'usufruit de leurs biens et peut exercer contre eux le droit de
correction.

Cependant, nous rencontrons dans notre Code certaines dispositions qui sont en contradiction flagrante avec le principe égalitaire
qu'il consacre. Les femmes ne peuvent être tutrices si ce n'est de
leurs descendants et de leur mari et la jurisprudence par analogie
leur interdit les fonctions de curateur et de conseil judiciaire. Elles
ne peuvent faire partie d'un conseil de famille, ni, comme sous la
Révolution, servir de témoins dans un acte authentique ou dans un
acte de l'état civil, et on hésite à leur confier le rôle d'arbitre ou
d'expert.

Mais ce sont là des exceptions qui aujourd'hui n'ont plus leur
raison d'être, les législateurs italiens l'ont compris et les ont fait

(1) Exposé des motifs du contrat de mariage.

disparaître de leur code, il faut espérer qu'avant peu leur exemple sera suivi chez nous.

Vous savez, Messieurs, quelle est la situation de la femme mariée. Si les époux se doivent réciproquement secours, assistance et fidélité, notre loi civile, en revanche, a consacré la suprématie du mari ; cette protection qu'en vertu de l'art. 213 il doit à sa femme, met encore en relief sa prééminence ; les rédacteurs du Code ont mis en pratique les idées de Montesquieu (1) et du premier consul (2), il leur a paru contre la raison et contre la nature que la femme soit maîtresse à la maison, ils ont pensé que le mari devait avoir un empire absolu sur les actions de sa femme. La femme prend le nom et la nationalité de son époux, elle est obligée d'habiter avec lui et de le suivre partout où il jugera à propos de résider.

En matière d'adoption seulement, toute suprématie disparaît, nul époux ne peut adopter sans le consentement de son conjoint, les deux époux sont placés sur la même ligne et chacun doit obtenir l'adhésion de l'autre (3).

Le mari seul exerce la puissance paternelle durant le mariage et si pour le mariage des enfants on exige le consentement du père et de la mère, en cas de dissentiment celui du père suffit.

La femme est incapable d'accomplir sans autorisation du mari aucun des actes de la vie civile ; pour ester en justice, faire une donation, aliéner, hypothéquer, il lui faut le consentement du mari ou son concours dans l'acte, et cela pour chaque acte, si ce n'est quand elle est marchande publique, (4) ou pour les actes d'administration quand elle a conservé l'administration de ses biens (5).

Si le mari refuse injustement, s'il est mineur, absent, interdit, condamné à une peine afflictive ou infamante, la femme devra, pour obtenir l'autorisation nécessaire, s'adresser à la justice.

Tout acte passé sans cette autorisation sera frappé d'une nullité relative et susceptible d'être attaqué par la femme, le mari, les

(1) *De l'Esprit des lois*, livre VII, ch. xvii.

(2) Bonaparte disait au Conseil d'Etat : « Un mari doit avoir le droit de dire à sa femme : Madame, vous ne sortirez pas ; Madame, vous n'irez pas à la comédie ; Madame, vous ne verrez pas telle ou telle personne ».

(3) Articles 344, 345 du Code civil. — La même règle s'applique à la tutelle officieuse qui est une préparation à l'adoption (à 362, 366 du même code).

(4) Article 220 du Code civil.

(5) Article 223 du même code.

héritiers de la femme, et peut-être ceux du mari, à moins de prescription ou ratification.

Cette règle de l'incapacité juridique de la femme mariée ne comporte que quelques exceptions, la femme peut sans autorisation tester, reconnaître un enfant naturel, faire des actes conservatoires, elle s'oblige par ses délits, ses quasi-délits et dans certains cas par ses quasi-contrats.

Le mariage-union des personnes est aussi une société de biens. Entre les divers régimes matrimoniaux parmi lesquels peuvent choisir les futurs époux, le Code a pris, pour en faire le régime de ceux qui se marieraient sans contrat de mariage, celui de la communauté légale, qui met en présence trois patrimoines distincts : les biens propres du mari, ceux de la femme, et les biens communs. Administrateur des propres de la femme, le mari a sur les biens communs les pouvoirs les plus étendus et peut disposer seul des meubles qu'il aliénera s'il le veut en totalité.

Si le système du Code fut un temps l'objet d'éloges sans mélange de critiques, il a été depuis l'objet des attaques les plus violentes : « Répond-il à l'idéal démocratique, s'écriait Accollas (1), le mariage qui subalternise la femme, la place sous l'obéissance, la frappe de minorité, la contraint à la cohabitation même *manu militari*, la dégrade au rang des choses et met par voie directe ou oblique sa fortune aux mains du mari ? Notre doctrine à nous c'est que le mariage doit être une association sur le pied de l'égalité permanente et que l'indépendance personnelle de la femme n'y doit jamais être sacrifiée »; et M. Colfavru ajoute (2) : « En France, la femme en se mariant devient mineure, l'association la plus sacrée, la plus humaine, celle qui doit compléter la puissance d'action de sa personne lui inflige, au contraire, une véritable *minutionem capitis*, une déchéance. Le compromis du code civil avec la tradition théocratique et féodale a conservé contre elle la dure institution de la puissance maritale. »

Tout en reconnaissant avec M. Janet (3) « que l'esprit de liberté

(1) *Nécessité de refondre l'ensemble de nos Codes, et notamment le Code Napoléon au point de vue de l'idée démocratique*, par Emile Accollas, 1866, pages 23, 30, 31.
(2) *Du mariage et du contrat de mariage en Angleterre et aux États-Unis*, 1868. Introduction, page XXI.
(3) *La Famille.*

qui est le caractère évident des temps modernes a demandé à
avoir sa place dans la famille et que, là comme ailleurs, c'est peut-
être en la lui faisant qu'on évitera des excès, » il me semble difficile
sur bien des points et en particulier en ce qui touche la puissance
maritale de faire droit aux critiques dirigées contre notre législation.

Évidemment, Messieurs, on ne saurait à mon avis justifier le
rôle prépondérant du mari en prétendant, comme on l'a fait, que la
nature avait elle-même créé comme une sorte de hiérarchie entre
les deux sexes, et en cherchant à établir l'infériorité physique, in-
tellectuelle et morale de la femme. Quoi qu'en dise Proudhon, de
par la nature et devant la justice, elle pèse davantage que le tiers
d'un homme, elle est autre chose qu'un instrument de plaisir et de
reproduction, son esprit n'est point d'une fausseté fatalement irré-
médiable, et l'on ne peut relativement aux hommes la qualifier
d'être immorale.

Non, la femme est une personne, elle peut soutenir la compa-
raison avec l'homme et si l'on ne peut dire d'une manière absolue
qu'ils sont égaux, si l'on veut tenir compte des différences physiques
et psychiques qui les séparent, on doit tout au moins conclure en
disant qu'ils sont équivalents et faits pour se compléter, que chacun
dans sa sphère, ils doivent jouir de prérogatives égales et d'une
égale indépendance.

Mais serait-il possible et juste de reconnaître cette égalité quand
les deux sexes sont réunis dans cette société, la plus intime de
toutes, la société conjugale? Évidemment non, si l'on ne détermine
point à qui reviendra la prépondérance, si on laisse à chaque époux
un égal pouvoir, on établira dans la famille deux autorités paral-
lèles dont le choc sera toujours funeste aux intérêts communs.
Qu'on n'aille pas, comme le fait M. Laurent (1), nous objecter ce
qui se passe chaque jour dans le monde industriel et commercial, le
mariage n'est point une association ordinaire, il n'a point seulement
en vue une entreprise à exécuter, un capital à faire fructifier, une
fortune à acquérir, son but unique, c'est la création d'une famille
et on ne saurait le comparer à celui d'une association industrielle.

Mais si c'est avec raison que le Code a reconnu la nécessité d'un
chef, a-t-il bien fait de choisir comme tel le mari? : « Est-ce une

(1) Avant-projet de révision du Code civil. Discours de Mᵐᵉ Popelin, prononcé au
Congrès du droit des femmes le 29 juin 1889.

loi contraire à l'égalité des époux comme tels, se demande Kant (1), que celle qui dit à l'homme dans son rapport avec la femme : Tu seras le maître, la partie qui commande, et elle, celle qui obéit ? » Et le philosophe allemand de répondre « on ne saurait la considérer comme contraire à l'égalité naturelle du couple humain, si cette domination n'a d'autre but que de faire tourner au profit de la communauté la supériorité naturelle des facultés de l'homme sur celles de la femme et le droit au commandement qui se fonde sur cette supériorité, car elle peut elle-même être rattachée au devoir de l'unité et de l'égalité relativement à la fin. »

Oui, la suprématie accordée à l'homme est naturelle et légitime, ses aptitudes spéciales, l'instruction qu'il a reçue, l'éducation qu'on lui a donnée, le rendent le plus propre à gouverner la famille, à la conduire au milieu des dangers qui l'entourent, à surveiller ses intérêts.

Mais la prépondérance du mari ne doit point aller jusqu'à l'annihilation de la femme, et si dans l'intérêt de l'association conjugale elle doit rester subordonnée au mari, je ne verrais cependant aucun inconvénient à ce que les articles 213 et 214 fussent modifiés si tels qu'ils sont, ils justifient toutes les conséquences fâcheuses qu'on en a voulu tirer (2).

Tout en laissant aussi en principe l'exercice de la puissance paternelle au mari; on pourrait sans inconvénient admettre la mère à le partager avec lui dans certaines circonstances. Pourquoi, par exemple, s'agissant de l'exercice du droit de correction, n'obligerait-on pas le mari à obtenir le consentement de sa femme comme on oblige la veuve à prendre l'avis des plus proches parents maternels, et ne s'en rapporterait-on pas en cas de dissentiment, comme le veut M. Legouvé, à la décision d'un conseil de famille copié sur l'ancien tribunal domestique des Romains ? Pourquoi ce même conseil ne statuerait-il pas souverainement quand la mère refuserait de consentir au mariage de son enfant.

(1) Éléments métaphysiques de doctrine du droit.

(2) Certains jurisconsultes, avec Pothier, veulent que la femme ne puisse refuser de suivre son mari même quand sa santé doit être gravement compromise par un voyage au-dessus de ses forces. La jurisprudence reconnaît au mari le droit d'ouvrir les lettres de sa femme, et oblige celle-ci à cohabiter avec lui en la condamnant à des dommages-intérêts fixés à tant par jour de retard, et en autorisant même le mari à la faire reconduire à son domicile *manu militari*.

Les partisans de l'émancipation féminine se sont aussi élevés avec force contre l'incapacité juridique qui frappe la femme mariée, avant de voir quelles concessions on peut leur faire, recherchons si vous le voulez bien quels motifs ont pu pousser le législateur à l'établir.

Plusieurs systèmes ont été proposés, les uns ont voulu lui donner pour base unique l'hommage dû à l'autorité maritale, les autres y ont vu une conséquence de l'inexpérience et de la faiblesse de la femme, tel semble être l'avis de M. Demolombe. « L'inexpérience de la femme, dit-il, est quoi qu'on en dise, le fait le plus ordinaire ; elle n'est pas telle sans doute qu'on ait dû comme autrefois en droit romain, mettre toutes les femmes en tutelle et jeter dans les affaires civiles une foule d'entraves et de complications ; mais quand la femme est mariée, quand il y a près d'elle un tuteur naturel et tout trouvé, je dis qu'il était tout naturel d'en profiter et de baser l'autorisation maritale sur le droit du mari à l'obéissance de la femme et sur le droit de la femme à la protection du mari. »

Ni l'un ni l'autre de ces systèmes n'est acceptable, ce n'est point, comme en droit germanique et dans notre ancien droit coutumier, dans le seul intérêt du mari que fut établie l'incapacité de la femme mariée, car en ce cas le mineur lui-même pourrait habiliter sa femme ; ce n'est pas non plus comme à Rome *propter fragilitatem sexus*, puisque la fille majeure et la veuve sont pleinement capables et qu'en cas d'interdiction du mari, la femme peut devenir sa tutrice.

L'incapacité qui frappe la femme mariée est la contre-partie de la suprématie maritale ; peut-être en l'établissant le législateur s'est-il inspiré de l'intérêt des époux, mais il eut surtout en vue l'intérêt du ménage, il a voulu une direction unique qui lui semblait préférable pour la garantie des intérêts matrimoniaux. Ce n'est point parce que c'est une chose qui n'est pas française que de voir faire à une femme ce qu'elle veut, que furent édictées les dispositions des articles 215 et suivants, mais bien pour sauvegarder à la fois les intérêts de chaque époux et ceux du ménage.

Deux dispositions du Code viennent à l'appui de notre système : le droit qu'a la femme d'attaquer l'acte passé sans autorisation, l'impossibilité où se trouve le mineur d'habiliter sa femme, parce que la loi craignait que n'ayant pas l'expérience nécessaire pour donner une autorisation réfléchie, il ne compromît l'intérêt général de la famille.

Est-ce à dire que le Code ait trouvé la juste mesure et qu'il n'y ait aucune réforme à apporter au système qu'il consacre ? Evidemment non.

Sans admettre avec certains jurisconsultes, conséquents avec eux-mêmes puisqu'ils fondent l'incapacité de la femme sur son inexpérience, qu'on doive tout simplement supprimer l'autorisation maritale(1) qui n'aurait plus sa raison d'être avec l'instruction qu'aujourd'hui on donne aux femmes(2), sans vouloir en cas de refus rendre le mari justiciable d'un conseil de famille devant lequel la femme pourrait se pourvoir en cas d'abus, et qui contrôlant la gestion du mari pourrait le suspendre de ses pouvoirs ; il me semble que tirant les conséquences logiques du principe qui a dicté le système établi par le Code, il faut rendre à la femme sa capacité pleine et entière quand le mari est absent, interdit, condamné à une peine afflictive ou infamante, et ne faire intervenir la justice que dans le cas où le mari refuse injustement, ou dans celui où les deux époux sont mineurs.

Pourquoi ménager davantage la puissance maritale que la puissance paternelle, pourquoi frapper le père indigne et ne pas frapper le mari ? N'est-il pas étrange de voir en cas d'interdiction du mari la femme tutrice avoir plus de pouvoirs sur

(1) M. Le Play, ancien conseiller d'Etat sous l'Empire, avait, lui, trouvé un moyen original d'améliorer le sort de la femme et de supprimer l'autorisation maritale, c'était de la marier sans dot et de l'exclure de la succession paternelle. Les fils seuls héritant de la fortune paternelle devaient, même s'ils n'avaient rien recueilli, entretenir leur sœur et la marier convenablement. Epouse, la femme jouirait en communauté des biens du mari, et comme elle n'aurait point de patrimoine, l'autorisation serait par là même implicitement supprimée. Si le mal a toujours été progressant, les mariages d'intérêt ne datent pas d'hier, à Rome déjà ils menaçaient la société et la famille ; Térence pouvait écrire dans ses Adelphes :

> Primum indotatu est. Tum præterea quæ secunda ei dos erit
> Periit : pro virgine dare nuptum non potest.

« Elle n'a pas de dot, telle est la première objection contre une jeune fille, ensuite, sans y apporter grande attention, on relève ce léger inconvénient qu'elle a été déshonorée. »

M. Le Play a donc eu raison d'attaquer les mariages d'argent, mais le remède qu'il propose serait pire que le mal, et il ne viendra jamais à l'idée d'aucun législateur de revenir sur ces lois d'égalité que nous a donné la Constituante, et de rétablir les privilèges de masculinité de l'ancien droit. (Le Play, *La Réforme sociale en France*.)

(2) Et sans cela la femme ignore-t-elle plus le droit que les milliers de citoyens qui aujourd'hui encore n'ont jamais mis le pied dans une école ?

les biens de celui-ci que sur ses biens propres ? N'est-il pas singulier d'obliger la femme séparée de corps à obtenir l'autorisation maritale même quand c'est en sa faveur que la séparation a été prononcée ? Par sa mauvaise conduite, le mari a détruit la présomption de sagesse dont il bénéficiait, avec la séparation d'intérêts l'unité de direction est devenue inutile, la puissance dont il reste investi n'est plus pour lui qu'un instrument de persécution vexatoire et s'il est peu scrupuleux ou cupide la possibilité pour lui de faire de sa complaisance légale l'occasion d'un marché (1).

Le Mariage société de biens est aussi l'objet des critiques les plus vives. Cette communauté légale qui confie au mari l'administration des biens communs et des propres de la femme, qui faisant tomber en communauté les meubles permet à celui-ci de disposer à son gré d'une part parfois considérable de la fortune conjugale, semble à plusieurs une société léonine, et loin d'y voir comme le tribun Duveyrier une société égalitaire par excellence, beaucoup prétendent qu'elle ne fait que consacrer l'anéantissement des droits de l'un au profit de l'autre.

N'est-ce point un pouvoir exorbitant que celui donné à un simple copropriétaire, de perdre, dissiper, anéantir le patrimoine commun sans que la femme soit appelée à donner non pas son consentement, mais seulement son avis. Les inconvénients d'un pareil système se font surtout sentir dans la classe ouvrière, un libertin, un ivrogne vendra le mobilier, le lit de sa femme, le berceau de son enfant pour en dépenser le prix au cabaret ou avec des femmes de mauvaise vie, et si la femme se plaint, si elle s'adresse à la Justice, la loi à la main la Justice lui répondra : le mari peut vendre tous les meubles de la communauté (2).

N'est-il point singulier, quand la femme ne peut disposer de rien, que le mari lui, puisse aliéner même gratuitement tout le mobilier pourvu que ce soit à titre particulier et en pleine propriété. Ce n'est point seulement à l'auteur de l'Histoire morale des femmes que

---

(1) Pourquoi même ne permettrait-on point au mari de donner à sa femme une autorisation générale ? La direction du ménage passerait à la femme, mais les choses en iraient-elles plus mal ? Ne connaît-on point des ménages où le mari incapable ou adonné aux plaisirs est suppléé par sa femme sans que pour cela le ménage en prospère moins ?

(2) Legouvé, *Histoire morale des femmes*, livre II, ch. II.

ce droit du mari a dicté des pages émouvantes, Mourlon (1) lui-même n'a pu s'empêcher de reconnaître : « qu'il eût été bien plus sage de permettre les libéralités modiques qu'elles furent mobilières ou immobilières et de prohiber, comme on l'a fait à l'égard d'un donateur de biens à venir, les donations exagérées. »

Quel remède apporter à un semblable état de choses ? L'institution d'un tribunal domestique dont l'approbation serait nécessaire pour l'accomplissement d'un certain nombre d'actes offrirait plus d'inconvénients que d'avantages, et les lenteurs incessantes qu'il entraînerait ne feraient que nuire à la bonne gestion du mari et entraver souvent son activité pour la moindre vétille.

On ne pourrait davantage exiger pour chaque acte de disposition une autorisation judiciaire, et d'un autre côté quelque séduisant qu'il soit, bien qu'il réponde le mieux à la logique et à l'idéal du mariage, on ne saurait admettre le système consacré par plusieurs de nos anciennes coutumes (2) et proposé par M. Richer (3). Permettre à la femme d'opposer son veto, exiger le concours de volonté des deux époux pour l'aliénation des biens communs, serait permettre à la femme de paralyser l'action maritale, d'entraver les actes les plus urgents et en créant l'égalité des pouvoirs amener l'immobilité des biens et supprimer l'unité de direction si utile au ménage.

Un des membres de notre Ordre a cru qu'il était possible de trouver un système qui, tout en conservant cette unité de direction, permît d'assurer à la femme une influence légitime et de lui accorder un moyen légal de surveiller la gestion du mari.

« Ne pourrait-on point, disait M. Deloze (4), exiger que l'épouse fût consultée pour tous les actes de disposition autres que ceux qui rentrent dans l'administration des biens ? Si les deux époux étaient d'avis contraire et que chacun persistât dans son opinion, le mari pourrait passer outre, mais au moins la femme aurait formulé son avis, elle aurait pu prévoir des conséquences et des dangers auxquels le mari ne pensait aucunement. »

Tout en offrant des difficultés d'application, un pareil système offrirait certainement bien des avantages.

(1) Cours de Code civil.
(2) Brodeau, *Coutume du Maine*, art. 304.
(3) *Droit des femmes*, 21 janvier 1889. — *Ccde des femmes*, page 169.
(4) *Théorie de la puissance maritale chez les Romains et dans le droit civil français.*

Si le mari se proposait de vendre des biens dans un but illégitime et honteux, la seule pensée de communiquer son projet à sa femme le retiendrait souvent sur cette pente mauvaise. Le principe de l'autorité maritale subsisterait dans toute sa force puisqu'en cas de dissentiment la volonté du mari l'emporterait. La femme aurait un moyen légal d'intervenir dans la direction des biens ; elle exercerait par le fonctionnement même de la loi cette surveillance que même actuellement on lui reconnait en principe, en lui accordant une action en séparation de biens. Mais cette fois connaissant nécessairement les affaires de la famille, il lui serait facile, si le besoin s'en faisait sentir, de demander en temps utile la séparation, tandis qu'actuellement la demande se produit généralement trop tard et le remède est illusoire.

Prenant part à la sauvegarde des intérêts communs, la femme s'initierait au maniement des affaires et si tout d'un coup à la suite de la mort ou de l'interdiction du mari tout le patrimoine lui était confié, elle serait au courant de l'administration et il lui suffirait d'appliquer les lumières acquises sous la direction maritale. « Enfin initiée par la force des choses aux affaires du ménage, l'épouse travaillerait à leur prospérité avec un zèle tout nouveau et ne passerait plus le temps dans l'oisiveté ne rêvant que fête ou plaisir. Peut-être alors pratiquerait-elle l'adage que lorsque le mari acquiert le rôle de la femme est de conserver, tandis qu'aujourd'hui, à considérer l'état social, on pourrait presque dire que si le rôle du mari est d'acquérir, celui de la femme est de dissiper. »

Le législateur moderne a lui aussi été frappé de la situation désavantageuse faite à la femme par le régime de la communauté légale.

L'Angleterre (1) et l'Italie (2) ont choisi comme régime légal celui de la séparation : la femme y reste maîtresse de tous ses biens, à charge de contribuer à l'entretien du ménage et s'il y a lieu de son mari. En France, la loi sur les caisses d'épargne postales permet à la femme de déposer des fonds sans autorisation et de les retirer s'il n'y a point opposition du mari, et diverses propositions de lois ayant pour but de permettre en certains cas à la femme ouvrière de disposer du produit de son travail et même de saisir et toucher

(1) Bill de 1882.
(2) *Code civil italien*, articles 1378, 1388, 1425, 1427, 1433.

une partie des salaires du mari ont été soumises à l'examen des Chambres (1).

Ce ne sont point seulement les dispositions de la loi civile qu'attaquent les partisans de l'émancipation féminine et les articles 337 338, 339 du Code pénal sont l'objet des critiques les plus violentes. Pourquoi cette différence entre les deux époux, pourquoi dans tous les cas frapper de prison la femme adultère et ne punir le mari que s'il entretient une concubine au domicile conjugal et seulement d'une simple amende ? Comment justifier une distinction aussi inique ? Serait-ce en alléguant que l'infidélité de l'une a des conséquences plus graves que l'infidélité de l'autre, parce qu'en manquant à ses devoirs l'épouse donnera le jour à des bâtards qui viendront plus tard prendre part à la succession du mari tout comme les enfants légitimes ? Rien n'est moins décisif. Si l'adultère de la femme introduit des enfants étrangers dans la famille du mari, l'inconduite du mari en introduit dans celle des autres, et pour la société considérée dans son ensemble le résultat est identique, pourquoi dès lors établir une différence, épargner l'un et frapper l'autre.

Ces critiques, Messieurs, me paraissent justifiées, mais ce n'est point en frappant d'emprisonnement l'adultère du mari pas plus qu'en le rendant punissable dans tous les cas qu'on doit à mon avis rétablir l'égalité entre les époux. Avec M. l'avocat général Vainker (2) je crois que le seul moyen d'atteindre ce résultat, c'est de ne plus faire dépendre l'adultère que de la morale et de la loi civile et de supprimer purement et simplement les dispositions du Code pénal. Cette suppression s'impose d'autant mieux qu'aujourd'hui les poursuites en matière d'adultère ne sont exercées que comme vengeance ou comme mode de procédure pour arriver plus vite au divorce, or la société qui a fait la loi ne peut se prêter par la loi ni à une vengeance ni à un procédé.

(1) Projet déposé le 22 juillet 1890 par MM. Jourdan et Dupuy, inspiré par MM. Glasson et Jalabert, professeurs à la Faculté de droit de Paris.— En Danemark, la femme mariée a la libre disposition du produit de son industrie personnelle. (Voir le discours prononcé au Congrès de 1889 par Mme Flora Goldschmitt.)
(2) Des droits de la femme au Congrès de 1889. Discours prononcé à l'audience solennelle de rentrée de la Cour, le 16 octobre 1890.

Peut-on soutenir que par suite de l'importance du mariage la société est intéressée au maintien des peines contre l'adultère? Mais alors comment raisonnablement'expliquer les antinomies de la loi et l'article 336? Comment j'expliquer si au point de vue social l'adultère simple de la femme est punissable, qu'il cesse de l'être en cas d'adultère du mari? En effet, seul il a le droit de mettre en mouvement l'action publique et on lui retire ce droit au cas d'entretien d'une concubine au domicile conjugal. On croirait vraiment que tout délit a disparu et que la société doit se trouver satisfaite sans punition parce que les deux époux sont également coupables.

Pourrait-on davantage alléguer l'intérêt des enfants et qualifier d'heureuse une poursuite qui ne sert qu'à divulguer un scandale et par suite rejaillit sur eux?

Ce ne sont point là, Messieurs, les seules réformes qui soient demandées pour l'amélioration du sort de la femme. Si le cadre de cette étude me l'eut permis, j'aurais voulu tenter de rechercher quels avantages ou quels inconvénients pourraient résulter du droit accordé aux femmes d'exercer les fonctions publiques et d'entrer dans les carrières libérales(1). j'aurais essayé de justifier les revendications de M. Legouvé (2) et des orateurs du Congrès de 1889 (3) s'agissant d'organiser la répression de la séduction et la recherche de la paternité, et de démontrer que l'impunité accordée au séducteur est dans nos lois une anomalie choquante, que la recherche de la paternité admise avec quelques garanties serait loin de présenter les dangers qu'on a bien voulu lui prêter.

Mais le temps presse et je n'ai que trop abusé de votre patience, je me contenterai donc de quelques mots sur la situation politique des femmes.

Stuart Mill, dans son argumentation en faveur du suffrage uni-

(1) Jeanne Chauvin, *Etude historique sur les professions accessibles aux femmes* (influence du sémitisme sur l'évolution de la position économique de la femme dans la société.)
(2) *Histoire morale des femmes.*
(3) Ouvert à Paris le mardi 25 juin 1889. (Discours de Mme Cristin et de M. Léon Giraud.)

versel ne tient aucun compte de la différence des sexes : « Je regarde, dit-il (1), la chose comme aussi entièrement insignifiante, quant aux droits politiques, que la différence de taille ou de couleur des cheveux. Tous les êtres humains ont le même intérêt à posséder un bon gouvernement, leur bien-être à tous en est également affecté et ils ont tous un égal besoin d'une voix pour s'assurer leur part de ses bienfaits. — Avant la prochaine génération, l'accident du sexe pas plus que celui de la peau ne sera regardé comme un motif suffisant pour dépouiller un être humain de la sécurité commune et des justes privilèges d'un citoyen. »

Cette façon de voir du célèbre philosophe anglais, qui était déjà celle de Condorcet dans le journal de la société de 1789 (2), fut aussi celle du Saint-Simonisme, plus récemment M. Pelletan (3) prétendait qu'un jour ou l'autre il faudrait élever la femme au rang de citoyen, habituer nos oreilles au mot de citoyenne, et Jules Favre regrettait que la motion appelant la femme au droit d'électrice ne fut pas partie de France (4). De nos jours enfin, la question de l'électorat de la femme est encore agitée et divise les écoles socialistes qui voient dans l'admission des femmes aux droits politiques les unes le triomphe assuré de leurs idées, les autres le seul fait capable de retarder encore de longues années la réussite de la réforme sociale.

Dans plusieurs pays (5) on est passé de la théorie à la pratique, je ne sais si le résultat est aussi heureux que le veulent bien dire certains politiques anglais ou américains, mais il me semble impossible d'accorder pour le moment semblables droits aux femmes. Le rôle joué par les femmes de la Révolution a suffisamment démontré que le terrain politique n'était point leur terrain, qu'elles n'étaient point faites pour devenir des hommes d'Etat. Les réformateurs oublient trop souvent que les deux sexes sont différents et ne font point attention que leur prétendu progrès ne tend qu'à faire de la femme un homme tandis que le véritable doit consister à proclamer la supériorité de chaque sexe dans sa sphère propre et son inferio-

(1) Du gouvernement représentatif.
(2) Œuvres, tome XII, p. 121.
(3) La Mère, p. 132.
(4) Discours sur l'enseignement populaire. Revue des cours littéraires, 6e année.
(5) Etats-Unis, Angleterre, Suède, Danemark.

rité quand il empiète sur le domaine de l'autre. A la femme la **vie**
de famille (1), à l'homme le tracas des affaires publiques (2).

Comme il ne s'agit là que d'intérêts matériels, on peut comme
l'a fait la Chambre des députés donner aux femmes commerçantes
le droit de choisir les juges consulaires, de participer à l'élection
des conseils des Prud'hommes (3), on pourrait à la rigueur rétablir
ces conseils de preudes-femmes qui, sous l'ancien régime, jugeaient
les procès survenus dans les proſessions féminines, mais là doivent
se borner les concessions et l'on ne saurait mieux faire que de
conseiller à ceux qui les trouveraient insuffisantes de méditer et
faire leur profit de ces deux vers du poète :

« La politique hélas, voilà notre misère.

« Mes meilleurs ennemis me conseillent d'en faire. »

(1) Pour M. Laboulaye, la maison conjugale, tel est le domaine paisible où la femme
doit régner sans partage, c'est là que se trouve le bonheur pour elle, pour ses enfants
pour son époux, et non dans les agitations de la vie publique, où l'homme lui-même
perd la sérénité de son âme, et n'est bientôt plus maître de son cœur. (*Recherches sur
la condition de la femme*)

(2) Les femmes elles-mêmes reconnaissent qu'elles ne sont pas mûres pour l'obten-
tion des droits politiques, M. Beauquier était obligé de le constater dans le discours
qu'il prononça au Congrès de 1889.

(3) Projet de loi présenté par le Ministre du commerce, adopté par la Chambre le
17 mars 1892, et soumis actuellement à l'examen du Sénat. M. Jean Macé, rapporteur,
a déposé un rapport concluant à l'adoption.

www.ingramcontent.com/pod-product-compliance
Lightning Source LLC
Chambersburg PA
CBHW060501200326

41520CB00017B/4880